le MIROIR MAJORITAIRE

ÇA MARCHE!

31%

D1543827

ETTES
ONS X

LA DÉMOCRATIE
je la reconnais

LAURENT LAPLANTE

Illustrations de **Paul Berryman**

LA DÉMOCRATIE
je la reconnais

ÉDITIONS
MULTIMONDES

Données de catalogage avant publication (Canada)

Laplante, Laurent, 1934-

La démocratie, je la reconnais

ISBN 2-921146-74-6

1. Démocratie – Ouvrages pour la jeunesse. 2. Partis politiques – Ouvrages pour la jeunesse. 3. Élections – Ouvrages pour la jeunesse. I. Berryman, Paul. II. Titre.

JC423.L362 1998   j321.8   C98-941554-6

Révision linguistique : Robert Paré
Photogravure : Compélec
Impression : Imprimerie La Renaissance

ISBN 2-921146-74-6
Dépôt légal – Bibliothèque nationale du Québec, 1998
Dépôt légal – Bibliothèque nationale du Canada, 1998

Éditions MultiMondes
930, rue Pouliot
Sainte-Foy (Québec)
G1V 3N9 CANADA
Téléphone : (418) 651-3885 ; sans frais depuis l'Amérique du Nord : 1 800 840-3029
Télécopieur : (418) 651-6822 ; sans frais depuis l'Amérique du Nord : 1 888 303-5931
Courrier électronique : multimondes@multim.com
Internet : http://www.multim.com

Un jour d'Halloween, l'an dernier ou quand tu étais plus jeune, tu as peut-être déjà défié tes amis: «Ce soir, je vais sonner chez vous, mais mon déguisement sera tellement bon que personne ne me reconnaîtra!» Ou bien tu as lancé le défi contraire: «Déguisez-vous tant que vous voudrez. Si vous venez sonner chez moi, en dix secondes je donne tous vos noms.» Aujourd'hui, c'est moi qui te lance le défi: «Peux-tu voir la différence entre un pays démocratique et un pays

qui ne l'est pas?» Prends ton temps avant de répondre, car ce n'est peut-être pas si facile… De toute manière, un deuxième test t'attend: dans le groupe des pays démocratiques, on verra si tu peux reconnaître ceux qui le sont plus que les autres.

Tu sais déjà, parce que nous en avons parlé dans *La Démocratie, j'aime ça!*, que la démocratie est une belle plante qui grandit et s'épanouit quand on la soigne bien. D'accord?

La Démocratie, j'aime ça!, c'est un album comme celui-ci qui a paru en 1997. On y montre que les gens ont inventé la démocratie après avoir essayé toutes sortes d'autres façons de choisir leurs chefs: la force, les combats de chefs, les rois…

Tu peux voir dans ce livre ce que la démocratie exige: des élections, le droit de vote pour tout le monde, des vrais choix. On t'y suggère déjà de donner à tes yeux la force des rayons X pour voir quand la démocratie est là et quand elle est disparue. Cet album-ci est la suite.

Et ce n'est pas fini!

Mais cela ne supprime pas ton défi. D'abord, il faut de très bons yeux, des rayons X, pour voir si une plante est en bonne santé, si elle manque d'eau, si une maladie la ronge de l'intérieur… De plus, comme tu peux tailler une même plante de trente-six manières, il te faudra encore ton regard rayons X pour détecter la parenté entre des plantes qui ont reçu des coupes différentes.

OOUPS!

Y a-t-il des démocraties… plus démocratiques?

Si je t'adressais cette question, tu me dirais sans doute: «Le champion de la démocratie, c'est le pays qui fait voter *tous* les gens librement, qui ne triche pas et qui ne laisse pas un parti politique bousculer les candidats des autres partis.» Ce serait une excellente réponse.

Un parti, qu'est-ce que c'est?

Dans un pays démocratique, les gens élisent librement ceux et celles qui vont diriger le pays. Mais la personne qui veut être choisie n'a quand même pas le temps de rencontrer personnellement chacun des électeurs. Elle a besoin d'une équipe pour se faire connaître. Ce genre d'équipe s'appelle un parti. Dans certains pays, il n'y a qu'un parti. Ces pays-là ne sont pas démocratiques, car les gens ont le choix entre LUI et… LUI! Dans d'autres pays, il y a plusieurs partis: deux, trois, cinq ou dix. Les gens ont le choix. Pour comprendre à quoi sert un parti, pense à un véhicule. Il permet aux candidats de se déplacer plus vite, de serrer plus de mains, de visiter plus de villes et de villages… Mais le candidat qui monte dans le véhicule court un risque : ce n'est pas toujours lui le conducteur! On s'en reparlera.

Mais tu peux faire mieux. Regarde avec moi des pays comme le Canada, les États-Unis, la France, l'Angleterre… Ces pays, et bien d'autres, se disent démocratiques et, de fait, ils ont des élections bien organisées. Mais as-tu remarqué que les élections donnent des résultats différents d'un pays à l'autre? Le Québec élit un premier ministre et les États-Unis élisent un président. La France, elle, ne court pas de risque: elle élit un président… qui choisit un premier ministre. L'Angleterre a un premier ministre, pas de président, mais elle a en plus une reine qui, évidemment, n'est pas élue. D'après toi, quel est le pays le plus démocratique? Celui qui choisit un premier ministre? Celui qui élit un président ? Celui qui en a un de chaque sorte? Peut-on dire que l'Angleterre est aussi démocratique que les autres, quand elle a une reine qui n'a jamais été élue? Tous ces pays répondraient: «La démocratie est une belle plante dont je prends soin, mais j'ai le droit de tailler cette plante-là à mon goût». Lis ce que raconte Umberto Eco: une armée qui recruterait ses soldats sur différentes planètes ne pourrait pas imposer à tous le même uniforme. La démocratie, c'est la même chose: elle a plusieurs visages.

Quel uniforme pour les armées intergalactiques?

Dépêche de Centrale approvisionnement

Bételgeuse

à commandement état-major

Casino

Rappelons variété biologique des corps armée intergalactique. Impossible adapter uniforme standard veste-martingale à soldats hauts de huit mètres ayant cinq bras. Pantalons types totalement inadaptés à soldats vermiformes. Prière prendre mesures rapides souple adaptation diverses exigences biologiques.

signé

Général Sapajou

Umberto Eco, Comment voyager avec un saumon, Grasset, 1997, p. 25

J'espère que M. Éco ne m'en voudra pas d'avoir mis des points à la fin de ses phrases, au lieu de son mot STOP. J'ai eu peur que tu me dises: «Grand-papa, on n'est plus au temps des télégrammes pour finir les phrases avec un STOP. Internet, ça existe, tu sais!»

Tu dirais sans doute, toi aussi, comme le général Sapajou, qu'il faut «souple adaptation»... Tu dirais que le titre du gagnant de l'élection n'a pas d'importance: président, premier ministre, chancelier, à condition que... Mais, en fait, à quelles conditions?

Tu connais déjà plusieurs de ces conditions:
- il faut une élection;
- il faut que les électeurs puissent vraiment choisir;
- il faut que les élections reviennent régulièrement.

Tu as là de bons indices pour voir s'il y a une démocratie derrière les différents titres. Si le chancelier de l'Allemagne est élu, si les Allemandes et les Allemands ont vraiment eu le choix entre plusieurs personnes et si les élections à la chancellerie reviennent régulièrement, l'Allemagne peut se dire aussi démocratique que la France, qui élit un président et qui a de plus un premier ministre.

Mais l'Angleterre, qui a une reine sans l'avoir élue, est-elle un pays démocratique? Et l'Espagne, qui a un roi? Et le Danemark? Et la Belgique? Et la Suède? Et le Canada, dont les dollars et les timbres-poste montrent le portrait d'une reine?

La réponse est facile: oui, les pays qui ont des rois sont quand même des pays démocratiques à condition que... ces rois laissent tout le pouvoir aux personnes élues. Autrement dit, le pays qui a un roi ou une reine demeure démocratique si le roi ou la reine se contente de «faire de la figuration». Beaucoup pensent qu'aucun pays ne devrait garder de reine ou de roi. Ils ont peut-être raison, mais, dans bien des pays, les gens tiennent à leur reine ou à leur roi parce que cela leur rappelle leur histoire, parce que cela les fait rêver...

Des élections régulières, au cas où...

Continuons. Peu importe le titre de la personne élue, il faut des élections. D'accord? Il faut aussi que tout le monde puisse voter. Toujours d'accord? Mais j'ai parlé aussi d'élections régulières. Pourquoi? pour que les gens puissent chasser du pouvoir ceux qui ont mal gouverné, ceux qui ont oublié leurs promesses, ceux qui sont devenus orgueilleux.

La veille des élections... et le lendemain

(Couplet)

La veille des élections,

Il t'appelait son fiston;

Le lendemain, comme de raison,

Il avait oublié ton nom...

Félix Leclerc

Si Félix Leclerc a raison et si certaines personnes souffrent d'amnésie le lendemain de leur élection, mieux vaut ne pas leur donner le pouvoir pour l'éternité: ils en abuseraient. Si quelqu'un a le pouvoir depuis longtemps, ouvre bien les yeux: il se pourrait qu'il ait changé en cours de route.

N'exagérons pas. C'est vrai que certains partis politiques gardent le pouvoir long-temps. C'est vrai que certains chefs élus «oublient» les élections ou truquent les élections à leur avantage. Mais un chef élu qui garde le pouvoir longtemps n'est pas nécessairement un tricheur ou un dictateur. Un parti politique ou un chef de parti peut gagner trois, quatre, cinq « vraies » élections de suite sans tricher. Mais retiens ceci: plus le nombre de victoires augmente, plus tu peux douter.

Parmi ces gens qui ont gardé le pouvoir longtemps, certains ont gagné leurs élec-tions de façon correcte. D'autres se sont nommés eux-mêmes, ont éliminé leurs adversaires ou ont triché. Pour savoir si un pays est démocratique, tu ne pourras donc pas te fier seulement à la durée du pouvoir. Pour savoir si la démocratie existe, oui ou non, dans un pays, nous allons examiner quatre questions :

- Est-ce que quelqu'un contrôle tout ?
- Est-ce possible que les gens décident eux-mêmes ?
- Est-ce qu'on peut se fier aux résultats des élections ?
- Est-ce que les partis prennent trop de place ?

Garde près de toi tes lunettes à rayons X! Tu en auras besoin.

Les mandats

Certains pays mettent des limites

- Aux États-Unis, un président a droit à deux mandats (deux fois quatre ans). On a établi ce plafond après le président F.D. Roosevelt: il s'était rendu à son quatrième mandat.

- En Argentine, un président n'a pas le droit (en théorie) de remplir plus qu'un mandat (une fois sept ans).

- En Israël, un premier ministre qui a occupé ses fonctions sept ans de suite ne peut pas se représenter.

Dans d'autres pays, il n'y a pas de limite

- Au Mexique, le même parti est au pouvoir depuis 1920. Tu peux avoir des doutes.

- En Indonésie, le président Suharto a démissionné en 1998 (on lui a un peu tordu le bras) après avoir gouverné pendant 30 ans. Son prédécesseur, Sukarno, avait été président 22 ans.

- En Haïti, François Duvalier fut élu président de la République en 1957 et réélu en 1963. En 1964, il devint président à vie.

MERCI DE M'AVOIR ÉLU !

- En Espagne, Francisco Franco, appelé le «caudillo», prit le pouvoir pendant la guerre civile (1936-1939) et gouverna jusqu'en 1969. À la fin de sa vie, au lieu de tenir des élections, il choisit lui-même son successeur et le nomma roi d'Espagne.

- Au Québec, trois premiers ministres ont gagné plusieurs élections de suite: Lomer Gouin (libéral) de 1905 à 1920; Louis-Alexandre Taschereau (libéral) de 1920 à 1935; Maurice Duplessis (Union nationale) de 1944 à 1959.

PREMIÈRE QUESTION : Tout le pouvoir dans la même main?

Prenons un exemple. Si tu participes à un concours ou à un tournoi, accepteras-tu que le juge ou l'arbitre soit choisi par ton adversaire? Probablement pas. Comme tout le monde, tu voudras un arbitre ou un juge impartial. Ce sera la même chose si, par exemple, tu demandes un emploi d'été au service des loisirs. Si tu découvres que la personne qui a obtenu l'emploi à ta place est le fils du maire ou la nièce de la mairesse, tu vas hurler à l'injustice. Et tu auras raison.

Dans un pays démocratique, la première chose qui est promise aux gens, c'est l'égalité. Tous ont le droit de voter. Tous ont droit à l'instruction. Tous ont le droit de penser, de parler, d'écrire sans recevoir de menaces. En démocratie, chacun doit avoir autant de chances que le voisin. Le maire ou la ministre n'a pas le droit de réserver les emplois à ses enfants, puisque tout le monde est censé avoir la même chance.

Tout cela est bien beau, mais comment faire pour que le président X ou le premier ministre Y ou le chancelier Z, peu importe, ne puisse pas favoriser injustement sa famille? Ce n'est pas facile. Pourtant, il faut inventer une solution, sinon notre belle plante démocratique va sécher sur pied !

Le secret? Ne pas mettre tous ses œufs dans le même panier! Ce n'est pas clair? Est-ce que cela devient plus limpide si je dis plutôt: «ne pas mettre tous les pouvoirs dans la même main»? Ce n'est pas vraiment plus clair? Alors prenons un exemple. Pour jouer correctement au volley-ball, il faut:
- premièrement, des règlements;
- deuxièmement, un arbitre;
- troisièmement, des clubs et des ligues de volley-ball.

Donc, il faut trois «ingrédients» ou, si tu préfères, trois pouvoirs différents: celui d'écrire le règlement, celui d'interpréter le règlement, celui d'organiser l'activité. Pour que tous et toutes jouent au volley-ball avec les mêmes chances de gagner, personne ne doit contrôler seul les trois pouvoirs. Autrement dit, personne ne doit porter en même temps les trois «chapeaux» suivants: rédaction des règlements (chapeau A), arbitrage (chapeau B), organisation (chapeau C).

Quelques petits tests

Si la personne qui écrit les règlements dirige aussi une équipe, cette personne voudra rédiger des règlements qui avantagent ses joueurs. Elle pourrait dire, par exemple, si ses joueurs sont de petite taille, qu'aucun joueur ne peut dépasser 1 m 75. Si tu as un géant de 1 m 95 dans ton équipe, que fais-tu?

Donc, A + C = danger.

Si la personne qui écrit les règlements se mêle ensuite d'arbitrer les parties, elle peut faire dire n'importe quoi au règlement. Elle dira: «C'est moi qui ai écrit ces règlements; je sais ce qu'ils veulent dire!» Que pourrais-tu dire, même si les règlements sont confus?

Donc, A + B = danger.

Si la personne qui arbitre est en même temps le propriétaire, l'organisateur ou l'instructeur d'une équipe, l'autre équipe ne croira jamais que l'arbitre est neutre.

Donc, B + C = danger.

Ce que nous venons de faire avec le volley-ball, fais-le avec les pays, et tu reconnaîtras ceux qui respectent la démocratie. *Si un pays fonctionne de façon démocratique, personne, dans ce pays, ne porte les trois chapeaux.* C'est ce qu'on appelle la **séparation des pouvoirs**. Dans la plupart des pays démocratiques, il y a un texte presque «coulé dans le béton», qu'on appelle constitution et qui interdit de laisser qui que ce soit s'emparer des trois pouvoirs. Même un homme aussi puissant qu'un président américain ne peut contrôler les trois pouvoirs. Lis ce qui se passe dans cette fable de La Fontaine où tous les pouvoirs sont dans la même patte.

La Génisse, la Chèvre, et la Brebis en société avec le Lion

La Génisse, la Chèvre, et leur sœur la Brebis

Avec un fier Lion, seigneur du voisinage,

Firent société, dit-on, au temps jadis,

Et mirent en commun le gain et le dommage.

Dans les lacs de la Chèvre un cerf se trouva pris.

Vers ses associés aussitôt elle envoie.

Eux venus, le Lion par ses ongles compta.

Et dit: «Nous sommes quatre à partager la proie.»

Puis en autant de parts le cerf il dépeça;

Prit pour lui la première en qualité de Sire:

«Elle doit être à moi, dit-il; et la raison

C'est que je m'appelle Lion:

À cela l'on n'a rien à dire.

La seconde, par droit, me doit échoir encor:

Ce droit, vous le savez, c'est le droit du plus fort.

Comme le plus vaillant, je prétends la troisième.

Si quelqu'une de vous touche à la quatrième,

Je l'étranglerai tout d'abord.»

La Fontaine

Comme cette histoire a été écrite il y a plus de 300 ans, ne te surprends pas si les phrases de La Fontaine ne sont pas toujours comme les nôtres. Quand, par exemple, il parle des «lacs de la Chèvre», il parle d'un nœud coulant qui servait de piège. Tu as quand même compris que Sire Lion, dans cette histoire, a gardé tous les pouvoirs dans sa patte: il change les règlements à sa guise, il s'empare du rôle d'arbitre et il se conduit en chef de police. Les trois «associées» de Sire Lion auraient dû savoir, en premier lieu, qu'elles ne mangent pas de viande et, en second lieu, que le Lion gardait tous les pouvoirs…

Pour vérifier si je suis clair, comparons deux hommes qui vécurent à des époques différentes, mais qui furent tous deux très puissants. D'un côté, le roi de France Louis IX, ou saint Louis, qui mourut en 1270; de l'autre côté, Richard Nixon, qui fut élu président des États-Unis en 1969 et qui démissionna en 1974 à cause de ce qu'on appelé le «scandale du Watergate». Il y a, entre les deux, sept siècles, mais tu es capable, avec tes rayons X, de trouver des ressemblances entre les deux.

Le roi saint Louis rendait justice sous son chêne...

Maintes fois il advint qu'en été (le roi saint Louis) allait s'asseoir au bois de Vincennes après sa messe, et s'accotait à un chêne, et nous faisait asseoir autour de lui. Et tous ceux qui avaient affaire venaient lui parler, sans empêchement d'huissier ni d'autres gens…

Joinville, *Histoire de Saint Louis*, p. 34

Tu vois que Louis IX n'était pas snob pour un sou. Mais tu as remarqué aussi ceci: il était roi, chef de l'armée, rédacteur des règlements… et arbitre. C'est beaucoup!

Richard Nixon, lui, a été élu président des États-Unis. Un beau jour, deux journalistes découvrent ceci: le parti de M. Nixon, le Parti républicain, a fait cambrioler les bureaux du Parti démocrate à l'hôtel Watergate. Sans doute pour connaître la stratégie électorale de l'adversaire. La police arrête les cambrioleurs et trouve, dans le carnet de numéros de téléphone d'un de ces petits curieux, le numéro de… la Maison-Blanche. Oups! Est-ce que le président Nixon était au courant? Est-ce lui qui a voulu ce cambriolage? On pose des questions à M. Nixon, qui prend un air scandalisé: «Comment osez-vous?» Puis, tout à coup, alors qu'on pose des questions aux employés de M. Nixon, une personne «échappe» ceci: «Mais c'est facile de savoir si le président était au courant: écoutez les enregistrements!» Tout le monde sursaute: «Quels enregistrements?» Et on apprend que M. Nixon enregistrait tout ce qui se disait dans son bureau. Conversations avec ses employés, discussions avec les chefs d'État venus le rencontrer, ses propres commentaires, tout.

Les enquêteurs demandent alors les enregistrements au président Nixon. On verra bien si le président faisait partie du complot. C'est là que tu dois surveiller les gestes de M. Nixon. Il répond qu'il n'a pas à obéir à qui que ce soit: il est LE PRÉSIDENT, le chef de la Maison-Blanche! Et il pense que c'est réglé. Erreur. Un juge le rappelle à l'ordre: «Personne n'est au-dessus des lois. Même le président doit obéir aux lois adoptées par les élus et aux ordres d'un tribunal.» M. Nixon dut remettre les enregistrements. On s'aperçut alors que quelqu'un avait effacé certains enregistrements. Tout le monde comprit que M. Nixon ne disait pas la vérité, et M. Nixon fut obligé de démissionner. L'homme le plus puissant du monde n'avait pas été capable de réécrire la loi ni de contrôler l'arbitre.

VOUS VERREZ BIEN QUE JE DIS LA VÉRITÉ!

Qu'en penses-tu?

En comparant saint Louis et Richard Nixon, demande-toi ceci: si le président Nixon avait eu autant de «chapeaux» que saint Louis, est-ce qu'on aurait réussi à le faire démissionner?

Ton regard rayons X commence à identifier les pays démocratiques: ces pays ne permettent à personne, même pas à leur élu le plus puissant, de porter tous les chapeaux. Dans ces pays, personne n'est à la fois celui qui écrit la loi, celui qui l'interprète et celui qui l'administre.

Le triangle américain

Il y a maintenant plus de 200 ans, les Américains se sont séparés de l'Angleterre. Ils ont alors construit leur système politique. Bien sûr, ils connaissaient le système politique anglais, puisqu'ils étaient eux-mêmes venus d'Angleterre. D'un autre côté, les Américains, qui avaient eu l'aide de la France pendant leur guerre d'indépendance, admiraient le système politique français. Les Américains décidèrent de prendre les meilleurs éléments des deux systèmes. Ils ne voulaient pas donner tous les pouvoirs aux mêmes personnes, car ils avaient vu en Angleterre des gens se faire élire dans des comtés… qui n'existaient pas! Et ils pensaient aussi que le système français donnait trop de pouvoir à un seul homme.

Ils ont créé un **triangle politique** dans lequel aucun des trois pouvoirs n'écrase les deux autres. Puisqu'ils connaissaient, comme tout le monde, ces trois grands pouvoirs, ce n'était pas difficile pour eux de placer les trois pouvoirs aux trois angles du triangle. Mais les Américains ajoutent du neuf: aucun des trois pouvoirs n'est supérieur aux deux autres. Non seulement il n'y avait pas plusieurs «chapeaux» sur la même tête, mais personne ne pouvait dire: «Mon pouvoir est le plus important.» De plus, les Américains adoptèrent une constitution que les trois pouvoirs doivent respecter.

Constitution américaine

POUVOIR LÉGISLATIF

Le triangle américain

POUVOIR EXÉCUTIF

POUVOIR JUDICIAIRE

Si tu regardes ce triangle et si tu repenses à l'histoire de M. Nixon, tu vois les avantages de ce système. Un président comme M. Nixon contrôle le **pouvoir exécutif**, ce qui veut dire l'armée, les services publics, les fonctionnaires. Mais ce n'est pas lui qui écrit la loi, car le **pouvoir législatif** appartient aux élus de la Chambre des représentants. M. Nixon ne peut pas changer la loi pour se donner des permissions spéciales. M. Nixon ne contrôlait pas non plus le **pouvoir judiciaire**. Bien sûr, un président peut proposer que M. Untel ou Mme Unetelle devienne un des neuf juges de la Cour suprême, mais la personne proposée doit passer un examen devant les élus du pouvoir législatif. Il arrive qu'un candidat suggéré par le président rate son examen et ne devienne pas juge de la Cour suprême. Chacun des angles du triangle a son pouvoir, et chaque angle est surveillé par les deux autres. Pas bête, n'est-ce pas?

D'après toi, qui surveillait saint Louis?

Et le Canada?

Le système politique du Canada ressemble beaucoup au système anglais que les Américains n'ont pas voulu copier tel quel. Le Canada a une constitution, même si le Québec ne l'a jamais acceptée, mais le Canada n'a pas séparé les pouvoirs de façon aussi étanche que les États-Unis. Un premier ministre canadien a presque toujours dans sa main plus d'un pouvoir. Un premier ministre canadien contrôle le pouvoir exécutif. Il contrôle aussi presque toujours le pouvoir législatif, parce que son parti a généralement la majorité des sièges au Parlement et peut donc contrôler la rédaction des lois. Et le premier ministre du Canada nomme les juges de la Cour suprême. C'est beaucoup!

Tu te souviens de nos quatre questions? Tu peux répondre à la première:

1.   Est-ce que quelqu'un contrôle tout?

DEUXIÈME QUESTION: La population peut-elle décider elle-même?

En lisant l'histoire de M. Nixon, tu t'es probablement dit ceci: «Puisque les personnes à qui on donne beaucoup de pouvoir peuvent en abuser et nous oublier, pourquoi ne pas garder le pouvoir dans nos mains à nous? Si les politiciens veulent du changement, qu'ils le disent et nous voterons pour ou contre...»

Tu as raison de t'interroger de cette manière: si la démocratie est «le gouvernement par le peuple», pourquoi ne pas faire voter le peuple plus souvent? Avec l'informatique moderne, on pourrait recueillir en un éclair des milliers, des millions de bulletins de vote. On éviterait la mauvaise communication: ce que veulent les gens serait clair, et les demandes ne seraient pas interceptées ou déformées par les partis politiques, les experts, les journalistes. Avec un référendum, la communication est parfaite: on rédige une question et les gens répondent. C'est clair, pratique, rapide, fidèle. Est-ce mieux?

Qu'est-ce qu'il a dit?

Voici un exemple de mauvaise communication.

Le général dit au colonel:

> Comme vous devez le savoir, il y a demain une éclipse de Soleil, ce qui n'arrive pas tous les jours. Laissez partir les hommes à cinq heures, en tenue de campagne, vers la plaine d'exercice. Ils pourront voir ce phénomène rare, et je leur donnerai les explications nécessaires. S'il pleut, il n'y aura rien à voir ; dans ce cas, laissez les hommes à la salle.

Le colonel dit alors au capitaine:

> Sur recommandation du général, demain matin, à cinq heures, il y aura une éclipse de Soleil, en tenue de campagne. Le capitaine donnera dans la plaine d'exercice les explications nécessaires, ce qui n'arrive pas tous les jours. S'il pleut, il n'y aura rien à voir, mais alors ce phénomène rare aura lieu dans la salle.

Le capitaine dit alors au lieutenant:

> Par ordre du colonel, à cinq heures du matin, ouverture de l'éclipse du Soleil dans la plaine d'exercice. Les hommes en tenue de campagne. Le général donnera dans la salle les explications nécessaires sur ce rare phénomène, si parfois il pleuvait, ce qui n'arrive pas tous les jours.

Le lieutenant dit alors au caporal:

> Demain matin, à cinq heures, le capitaine fera éclipser le Soleil en tenue de campagne, avec les explications nécessaires, dans la plaine d'exercice. Si parfois il pleuvait, ce rare phénomène aurait lieu dans la salle, ce qui n'arrive pas tous les jours.

Et voici ce que les soldats comprirent:

> Demain, très tôt, à cinq heures du matin, le Soleil, dans la plaine d'exercice, fera éclipser le général dans la salle, avec les explications nécessaires. Si parfois il pleuvait, ce phénomène rare aura lieu en tenue de campagne, ce qui n'arrive pas tous les jours.

Deux sortes de démocratie

En suggérant que le peuple décide plus souvent, tu ne demandes pas la lune. Tu demandes la **démocratie directe**. Tu veux que les gens soient consultés, qu'ils votent sur des questions précises et que leur opinion soit le vrai pouvoir. Quand il y a un référendum, le peuple a le dernier mot. C'est la démocratie directe. La **démocratie indirecte**, c'est celle que nous voyons autour de nous. La population élit des gens pour quatre ou cinq ans et leur demande de décider ensuite à sa place. Parfois, les élus prennent les décisions auxquelles on s'attendait; parfois, ils font autre chose. Dans les deux cas, il faut attendre l'élection suivante pour décider s'ils méritent un nouveau mandat ou… la porte.

La démocratie directe existe dans certains pays. Je te donne deux exemples entre autres: la Suisse et les États-Unis. On utilise le référendum ou bien à la grandeur du pays ou bien dans une partie du pays, par exemple dans un des États américains ou un des cantons suisses. La Suisse se sert du référendum depuis deux siècles ; les États-Unis, depuis moins longtemps.

En Suisse: trois types de référendum

En Suisse, la constitution répartit les pouvoirs de façon très minutieuse entre le gouvernement central et les 23 cantons ou États. Changer quelque chose dans cette répartition des pouvoirs, c'est comme bouger une carte dans un château de cartes. On fait donc attention: si le gouvernement central veut changer quelque chose, il est obligé de tenir un référendum. Pour gagner le référendum et procéder au changement, le gouvernement central doit obtenir la double majorité: une majorité de citoyens suisses et une majorité des gouvernements des 23 cantons. C'est un **premier type**.

Il arrive, même quand on ne touche pas à la constitution elle-même, qu'une loi fédérale déplaise à une partie de la population. Si cela se produit, les citoyens peuvent obtenir un référendum. Ce n'est pas facile, car il faut recueillir 50 000 signatures en l'espace de trois mois. C'est un **deuxième type** de référendum. Souvent, le gouvernement recule et retire sa loi dès que le nombre de signatures approche du seuil de 50 000…

Le plus intéressant type de référendum, c'est le **troisième**. Dans ce cas-là, les citoyens eux-mêmes prennent l'initiative de proposer une loi. Ce référendum s'appelle, justement, **initiative populaire**. Encore là, il ne faut pas t'imaginer que n'importe quel écervelé peut déranger tout le pays à propos d'une idée loufoque. Il faut, tiens-toi bien ! recueillir 100 000 signatures en l'espace d'un an et demi.

Un bon exemple: le 7 juin 1998

Je reproduis ici une page de *Débats*, le journal mensuel que le parti socialiste publie à Genève. Comme tu peux le voir, les Suisses devaient répondre à diverses questions, le 7 juin 1998.

Le parti socialiste suggérait ses réponses à lui:

– *Répondez **NON** à l'idée d'interdire au gouvernement fédéral de faire des déficits. Que le gouvernement reste libre.*

– *Répondez **selon votre conscience**, si on vous demande de mettre fin aux recherches sur la manipulation génétique.*

- *Répondez **OUI**, si on vous demande d'interdire à la police de gonfler son stock de 900 000 fiches sur les citoyens.*

- *Répondez **OUI**, si vous voulez que les juges ne puissent jamais être punis par le pouvoir politique.*

- *Dites **NON** à l'idée de bâtir un gros monstre en fusionnant les hôpitaux de deux cantons (Genève et Vaud).*

- *Répondez **OUI**, si vous voulez que propriétaires et locataires soient traités de la même manière par l'impôt.*

Au sujet de la recherche sur la génétique, la Faculté de médecine de l'Université de Genève conseillait le contraire :

> Le 7 juin, votez **NON** à l'initiative dite *Pour la protection génétique*.

Et toi, préférerais-tu voter toi-même sur des enjeux comme ceux-là ou laisser les personnes élues décider en ton nom?

Et quatre dimanches sans voitures?

Je te donne un autre exemple d'initiative populaire.

> *Le Temps* (Genève, samedi 2 mai 1998) – L'initiative «pour un dimanche sans voitures par saison» a été déposée vendredi à Berne, munie de 114 500 signatures. Dès lors, peuple et cantons pourront se prononcer sur le principe de dimanches sans voitures, 25 ans après l'expérience des trois dimanches «sans» de 1973.

Comment voterais-tu, toi?

Et les États-Unis?

Quand il y a élection d'un président américain, la télévision se demande seulement qui va s'installer à la Maison-Blanche. Et on oublie les autres votes qui ont lieu en même temps. Quels votes? Ceux des dizaines de référendums qui se tiennent dans tel ou tel État américain. En novembre 1996, par exemple, les Américains ont réélu le président Clinton, mais il y a eu... 90 référendums!

Sur quoi portaient ces référendums?

- en Floride: une taxe d'un sou sur le sucre;

- dans le Maine: le sort de 4 millions d'hectares de forêts;

- en Alaska: la chasse au loup en hélicoptère;

- en Oregon: nouvelle taxe de 38 sous par paquet de cigarettes...

Le championnat des référendums? Il appartient – jusqu'à maintenant – à la Californie: 22 référendums au cours de la décennie 1970-1980, le double au cours de la décennie 1980-1990.

Est-ce mieux?

Belle question, n'est-ce pas? Je ne répondrai d'ailleurs pas à ta place. J'ajoute simplement quelques opinions émises par divers commentateurs.

> La campagne contre le bilinguisme anglais-espagnol (dans les écoles publiques de la Californie) est actuellement financée à 80% par un seul homme, Ron Unz, industriel de la Silicon Valley et ancien candidat républicain au poste de gouverneur.
>
> Paul Sigaud, correspondant suisse à Washington

> L'un des handicaps majeurs dont souffre l'initiative (en Suisse) est sa lenteur. Il n'est pas rare que cinq années s'écoulent entre son lancement et la mise en votation.
>
> Oswald Sigg, *La Suisse politique*, Pro Helvetia, 1997, p. 25

> Contrairement à ce que craignaient les conservateurs et espéraient les esprits réformistes, les droits populaires que sont le référendum et l'initiative (en Suisse) n'eurent pas de conséquences révolutionnaires....
>
> Oswald Sigg, *La Suisse politique*, Pro Helvetia, 1997, p. 25

Tu te souviens de nos quatre questions? Tu peux maintenant donner ta réponse à la deuxième.

1. Est-ce que quelqu'un contrôle tout?

2. Les gens peuvent-ils décider eux-mêmes?

TROISIÈME QUESTION: Peut-on se fier aux résultats des élections?

As-tu déjà regardé ta figure ou ta silhouette dans le miroir déformant d'un parc d'amusements? Ton nez gonfle comme une citrouille, ta taille est digne d'un bloqueur au football, tes bras pendent comme des macaronis trop cuits… Si quelqu'un te voit dans ce genre de miroirs, il ne te voit pas à ton mieux!

En regardant les résultats des élections au Québec et au Canada, on se demande si un miroir déformant ne se glisse pas entre le vote des gens et le nombre de députés que les partis obtiennent. Par exemple:

- Au Québec, en 1966, le Parti libéral reçoit 47% des votes, l'Union nationale 41%. Le gagnant est… l'Union nationale, car elle a fait élire plus de députés.

- En 1970, encore au Québec, le Parti libéral obtient 45% du vote, le Parti québécois 23%, l'Union nationale 20%. Combien chacun a-t-il de députés? Parti libéral: 72; Union nationale: 17; Parti québécois: 7.

- Le 4 septembre 1984, à l'élection fédérale, le Parti conservateur remporte une immense victoire: 211 conservateurs, 40 libéraux, 30 néo-démocrates. Pourtant, le Parti conservateur a moins de 50% des votes!

- À l'élection fédérale de 1993, le Parti conservateur obtient deux millions de votes et… deux députés. Cinq ans plus tôt, le Nouveau Parti démocratique, avec le même pourcentage du vote populaire, avait eu… 43 députés.

Quand je parle de miroir déformant, tu vois ce que je veux dire: les gens votent, mais le nombre de députés ne correspond pas toujours au pourcentage de votes obtenu par chaque parti. Pourquoi? Parce que notre système électoral est bâti comme cela. Y a-t-il d'autres systèmes électoraux? Oui, plusieurs autres. Est-ce qu'il y a un système meilleur que tous les autres? Euh! Peut-être que oui, peut-être que non... Allons voir.

Trois méthodes: le premier, la majorité, selon le vote

Certains peuples n'aiment pas le «vote majoritaire». Par exemple, plusieurs nations autochtones refusent d'opposer majorité et minorité. On palabre jusqu'à ce qu'on trouve un compromis. C'est plus long, mais personne n'est frustré. («Palabre» vient du mot espagnol *palabra*, qui veut dire «parole».)

La plupart des pays choisissent un de ces trois systèmes:

1. celui qui arrive premier est le gagnant;

2. pour gagner, il faut avoir plus de la moitié des votes;

3. le nombre de députés est proportionnel au pourcentage de votes reçu.

1. Je suis arrivé avant, j'ai gagné!

Dans nos élections, au Canada et au Québec, celui ou celle qui a le plus de votes est proclamé gagnant. C'est simple, clair, rapide: tout est réglé d'un coup et en un seul jour. Surtout depuis que les ordinateurs analysent les tendances, l'annonceur peut donc dire, quelques minutes après la fermeture des bureaux de scrutin: «Si la tendance se maintient, le nouveau gouvernement sera majoritaire et...»

Ce beau système, si simple et si rapide, donne parfois, comme tu l'as vu, des résultats bizarres. Quand les conservateurs ont fait élire 211 députés, en 1984, leur chef a déclaré: «Le peuple est avec nous et le peuple veut, comme nous, le libre-échange avec les États-Unis!» Toi, avec tes lunettes à rayons X, tu vois ceci: le Parti conservateur était le seul en faveur du libre-échange. Or, les libéraux et les néo-démocrates, qui étaient contre le libre-échange, avaient recueilli ensemble plus de votes que les conservateurs. Système clair et rapide; résultats déformés...

D'où vient le problème? De ceci: chez nous, la victoire va non pas à celui qui a obtenu plus de la moitié des votes, mais à celui ou à celle qui en a obtenu plus que le suivant. Tu vois la différence? Quand, par exemple, il y a quatre ou cinq candidats ou candidates pour le poste de député ou de maire, la personne qui sera considérée comme élue n'aura peut-être obtenu que 35, 30 ou même 25 % des votes. Elle arrivera première, mais aura-t-elle l'appui de la **majorité** ? Pas toujours. Système rapide, simple, clair, mais peut-être déformant.

Il ne faut pas se montrer trop dur envers ce système. Quand l'Angleterre l'a mis au point et répandu à travers le monde, beaucoup de pays n'avaient que deux partis politiques. Celui qui arrivait premier avait toujours la majorité. Quand il y a 100 électeurs et seulement deux candidats, celui qui arrive en tête a forcément plus de 50 votes… Le problème est né quand de nouveaux partis se sont ajoutés. Quand il y a quatre, six ou dix partis, le premier obtient rarement la majorité des votes.

Ce système donne d'autres résultats étranges. Par exemple, il est généralement très gentil pour celui qui arrive premier, moins gentil pour celui qui arrive deuxième, et pas gentil du tout pour les suivants. Pas toujours, mais généralement. De plus, avec ce système, la force régionale d'un parti change les résultats. On vérifie ?

Pourcentage des votes… *… et pourcentage des députés*

Gentil, moins gentil, pas gentil du tout

Élection québécoise de 1970

Les libéraux sont premiers, avec 45% des *voix*. Gentiment, le système leur donne 72 députés sur 108, soit 66% des *sièges*.

Le Parti québécois arrive deuxième, avec 23% des *voix*. Le système est moins gentil pour lui: le Parti québécois obtient 7 députés, c'est-à-dire 6,5% des *sièges*.

Élection québécoise de 1973

Les libéraux sont premiers, avec 55% des *votes*. Le système leur donne 102 des 110 députés, soit 93% des sièges! Très gentil!

Le Parti québécois se classe encore deuxième, avec 30% des *votes*. Il obtient 6 députés, soit 5,5% des *sièges*. Pas très gentil.

Élection québécoise de 1976

Cette fois, le Parti québécois arrive premier. Il a 49% des *votes*. Il reçoit sa récompense: 80 députés sur 122, soit 65% des *sièges*.

Les libéraux se classent deuxièmes, en obtenant 46% des *votes*, soit presque autant que les «champions», mais le système n'aime pas les deuxièmes; ils ont 42 députés, soit 34% des *sièges*.

Arrêtons là, car tu as compris: notre système donne une prime au premier et prive le deuxième d'une partie de ses droits. Système clair, rapide, efficace? Oui. Démocratique? Euh…

Un problème nouveau?

Le «petit boni» au premier, la «pénalité» infligée au deuxième, etc., je n'ai pas trouvé cela tout seul. Lis ceci:

> L'histoire électorale anglaise de ce dernier quart de siècle a montré que le système… aboutit dans la pratique à conférer à la majorité des votants une représentation supérieure à sa puissance numérique, à laisser à la minorité une quantité de sièges moindre que celle à laquelle son nombre lui donne droit… sans parler de petites minorités, qui sont presque invariablement exclues…

Cela ressemble pas mal à ce que je disais: gentil, moins gentil, encore moins gentil. Qui a écrit cela et quand? L'auteur s'appelle Moisei Ostrogorski. Quand? En 1902! Autrement dit, les défauts de notre système sont connus depuis cent ans. Si jamais un adulte te dit que tu as la tête dure...

Regroupons-nous, c'est peut-être profitable!

La deuxième petite «distorsion» de notre système, c'est que ses résultats sont influencés par la force régionale du parti ou, si tu préfères, par la concentration du vote. Si, par exemple, un parti obtient 10% du vote, dans chaque comté du Québec, ce parti n'aura probablement aucun député. Ni 10% de sièges, ni 5%, mais zéro. Si un parti obtient le même 10% du vote global, mais *concentre* ce vote dans douze ou quinze comtés, au lieu de le disperser dans l'ensemble du Québec, tu peux parier que ce parti aura une bonne dizaine de députés. Déformation énorme:

– 400 000 votes peuvent valoir zéro député;

– 400 000 votes peuvent en valoir dix ou douze!

Élection québécoise de 1970

Le Parti québécois arrive deuxième, avec 23% des votes, mais obtient 6,5% des députés. Ses votes étaient dispersés.

L'Union nationale arrive troisième par rapport au nombre de votes; elle en a reçu 20%. C'est moins que le Parti québécois, mais l'Union nationale obtient 17 députés et le Parti québécois seulement 7. L'Union nationale était forte à certains endroits.

Le Ralliement créditiste arrive en quatrième place, avec 11% des voix, deux fois moins que le Parti québécois, et obtient 12 députés! Les votes créditistes étaient regroupés.

Pourquoi, malgré ses défauts, ce système demeure-t-il en place? Parce qu'il est rapide, précis, efficace? Oui, nous le savons! Mais aussi parce qu'il renforce les gouvernements. Quand le parti gagnant a à peine quelques députés de plus que le deuxième, il risque d'être battu au Parlement. Avec un «petit supplément», le gagnant est tranquille.

2. «Tu gagneras seulement si tu as plus de la moitié!»

La France ne fait pas les élections comme nous. Elle fait partie des pays qui n'aiment pas le jeu anglais du «premier arrivé, seul gagnant». En France, dans une élection à la présidence, tu n'as rien gagné tant que tu n'as pas obtenu au moins la moitié des voix. Tu as beau dire: «Je suis arrivé premier!» on te répond: «As-tu la moitié? Non? Alors, recommence jusqu'à ce que tu aies plus de la moitié des votes...» Et on vote encore une fois!

Mais, attention! le deuxième vote est différent du premier. La première fois, il peut y avoir six, huit, dix candidats. Si, dès ce premier tour, quelqu'un obtient plus de 50% des voix, c'est évidemment terminé: il y a un vainqueur dont personne ne conteste la victoire. Mais si personne n'atteint 50%, il n'y a pas de gagnant. Même si le premier a obtenu 49% des voix. On ne veut pas que quelqu'un puisse dire au gagnant, après coup: «Plus de la moitié des gens ont voté contre toi!»

Si personne n'obtient 50% des voix, on élimine tous les candidats, sauf les deux premiers. Et on vote une deuxième fois, une semaine ou deux après le premier tour. Dans ce deuxième tour, la lutte se fait entre deux personnes seulement: celle qui

a fini première au premier tour et celle qui a terminé deuxième. Comme ils ne sont que deux, le gagnant aura nécessairement la majorité absolue. Il aura la paix: il aura le droit de dire que la majorité a voté pour lui.

Un exemple? Celui du général de Gaulle.

«Pourquoi faire campagne? On me connaît...»

Le général de Gaulle, en 1965, gouverne la France. Il est président depuis sept ans. Il est sorti de sa retraite, dans son petit village de Colombey-les-Deux-Églises, parce que la France se cherchait un chef. Il a imposé ses conditions. Il a obtenu les changements qu'il voulait dans le système politique français. Il est le patron. Quand arrive l'élection de 1965, de Gaulle refuse de se démener. Si les autres candidats – ils sont cinq – veulent s'agiter, qu'ils le fassent. Lui ne bouge pas. Ses conseillers lui disent: «Général, ce serait bon de vous montrer un peu à la télévision...» Lui ne bronche pas. Il dit simplement ceci:

> Que l'adhésion franche et massive des citoyens m'engage à rester en fonction, l'avenir de la République nouvelle sera définitivement assuré. Sinon personne ne peut douter qu'elle s'écroulera aussitôt et que la France devra subir – mais cette fois sans recours possible – une confusion de l'État plus désastreuse encore que celle qu'elle connut autrefois.

Pas facile à comprendre, le cher monsieur de Gaulle? Lisons-le lentement, et tu verras qu'il ne se prend pas pour un deux de pique. Sa première phrase veut dire ceci: si les citoyens me choisissent, pas de problème, la France est sauvée! La deuxième lance un avertissement: si on ne m'élit pas, la France sera encore plus mal prise qu'au moment où elle m'a supplié à genoux de la sauver. Vous m'élisez ou vous coulez!

De Gaulle n'obtient pas la majorité au premier tour. Trois de ses cinq adversaires n'ont, ensemble, que 8% des voix. Mais les deux autres, à l'immense colère du général de Gaulle, reçoivent un bon pourcentage du vote: Lecanuet obtient à peu près 16%, et François Mitterrand à peu près 32%. De Gaulle? Il arrive premier avec 44% des voix, mais il n'a pas la majorité. 44%, c'est bien, mais ce n'est pas la moitié. De Gaulle doit donc affronter, au deuxième tour, François Mitterrand dans un duel à deux. Déception, colère, humiliation, mais deuxième tour quand même. Au deuxième tour, de Gaulle l'emporte 55-45. Personne, avec ce système, ne peut plus dire à de Gaulle: «Vous ne représentez pas l'opinion de la majorité.»

Qu'en penses-tu?

Méthode française pour les chefs canadiens!

Ceci va te faire sourire: les partis politiques du Canada et du Québec, qui font voter les gens selon la première méthode, élisent leurs chefs selon la deuxième! Quand il s'agit de choisir leurs chefs, nos partis politiques sont même plus patients que les Français. Si, par exemple, dix personnes veulent devenir chef du parti, il se peut que l'élection du chef ne prenne pas deux tours, mais *huit*!

Comment élit-on un chef parmi dix candidats? Comme ceci. On tient une réunion avec 2 000 ou 3 000 membres du parti et on les fait voter une première fois. Si aucun des dix candidats n'a 50% des voix, celui qui se classe dixième est éliminé. Il reste neuf candidats. On vote une deuxième fois. Si personne n'a plus de la moitié, on élimine le neuvième. Puis, on recommence avec huit candidats et ainsi de suite. Cela peut être long.

Il arrive (heureusement!) que les candidats moins populaires négocient discrètement avec ceux qui ont eu de bons résultats. Si M. X voit que Mme Y va gagner de toute manière, il peut lui glisser ceci à l'oreille: «Si je me retire en demandant à mes partisans de voter pour toi au prochain tour, vas-tu penser à moi après ta victoire?»

J'invente? Écoute l'ancien sénateur conservateur Jacques Flynn raconter l'élection du chef conservateur, le 11 juin 1983. Il y a cinq candidats: Clark, Mulroney, Crombie, Crosbie et Wilson.

> Au premier tour, Clark prend les devants avec plus du tiers des suffrages exprimés, suivi de Mulroney et de Crosbie qui, ensemble, en ont plus que Clark. Crombie est loin derrière, et Wilson, qui ferme la marche avec un peu plus de cent voix, abandonne. Au second tour, Clark demeure en tête, mais Mulroney s'approche, et Crosbie fait aussi quelques progrès. Crombie se désiste et donne son appui à Crosbie. Avant que ne commence le troisième tour, les seconds de Crosbie tentent de convaincre Clark et ses amis de se rallier à eux et de permettre ainsi de bloquer la route à Mulroney, car il semble assez certain que Clark plafonne et ne pourra pas l'emporter dans un duel avec ce dernier. Clark ne peut accepter de se retirer alors qu'il occupe encore le premier rang. Il le conserve d'ailleurs au troisième tour, mais par vingt votes seulement. Crosbie se hisse à deux cents voix des meneurs avec le ralliement des effectifs de Crombie; mais, jugeant que c'est insuffisant, il lance alors la serviette et invite ses supporteurs à le suivre dans le camp de Mulroney qui l'emportera par deux cents voix.

> *Un bleu du Québec à Ottawa*, Septentrion, 1998, p. 339

3. Des députés en proportion du vote

Tu as regardé deux manières de tenir des élections: la nôtre, où celui qui arrive premier est proclamé vainqueur; une autre, qu'utilise la France, où le gagnant doit obtenir la majorité. Il y a une troisième méthode (et d'autres encore), dont on se sert en Suède, en Israël et, avec des différences, en Allemagne.

Quelle est cette méthode? La **proportionnelle**. Pourquoi ce nom? Parce que, après une élection en un seul tour comme chez nous, chaque parti reçoit un nombre de députés *proportionnel* à son résultat global. Si un parti reçoit 30% du vote populaire, ce parti a 30% des députés. Si l'autre parti a eu 42% des votes des citoyens,

il a 42 % des députés. Dans ce système, il n'y a pas de «petit cadeau» au parti qui arrive en tête. Il n'y a pas, non plus, d'avantage ou d'inconvénient à concentrer ses votes dans une région. Il n'y a pas de «miroir déformant»: si un parti reçoit 30 % du vote, il n'obtiendra pas 6 % des députés. Pas question non plus que le parti qui recueille 41 % du vote obtienne plus de députés que le parti qui en a reçu 47 %.

Théoriquement, voilà un beau système. Mais beaucoup d'experts pensent que cette méthode a une faiblesse, un talon d'Achille. Peux-tu la trouver? On s'en reparlera plus loin.

Le talon d'Achille

Tu as peut-être déjà entendu cette expression-là: «le talon d'Achille». On dit, par exemple: «Le talon d'Achille de ce chanteur, c'est qu'il ne peut pas chanter les notes hautes.» Ou bien on dit: «Le talon d'Achille de ce joueur de hockey, c'est qu'il tourne toujours du même côté.» «Talon d'Achille» veut dire le «point faible». Mais sais-tu d'où vient l'expression?

Dans les légendes grecques, on n'a pas un seul Dieu, mais des douzaines. Thétis était une déesse de la mer. Thétis devint amoureuse d'un humain, le roi Pélée, et elle eut un fils du nom d'Achille. Parce qu'elle était une déesse, Thétis était immortelle. Pélée, lui, était un homme et il allait donc mourir un jour, comme tous les humains. Achille, moitié homme moitié dieu, devait mourir, lui aussi, à cause de sa moitié humaine. Mais Thétis, qui adorait son bébé, décida de tricher un peu et de le rendre aussi immortel que possible. Elle le plongea dans le Styx, le fleuve des Enfers, dont les eaux rendaient invulnérable. Le problème, c'est que Thétis tenait bébé Achille par le talon. Tout le reste du corps d'Achille devint invulnérable, sauf… son talon. Tu devines comment Achille mourut…

L'exemple d'Israël

Comme tu le sais peut-être, Israël est un pays assez jeune. Il a 50 ans, ce qui est jeune… surtout pour un pays. Quand Israël a été créé, en 1948, des Juifs qui vivaient alors dans d'autres pays ont émigré vers Israël. Certains avaient subi le nazisme en Allemagne, d'autres avaient habité les pays communistes, d'autres arrivaient d'Afrique. Chaque groupe avait sa façon de penser. Être juif à Varsovie et à New York, c'est différent. Comme chaque groupe voulait s'exprimer, on décida que chaque parti qui obtiendrait 1,5 % des votes aurait au moins un député. Tu imagines le nombre de partis qu'il y a à la Knesset…

Quels noms portent les assemblées législatives?

J'ai senti que le mot «Knesset» te faisait sursauter. Ne t'en fais pas. Dans les pays démocratiques, il y a, tu le sais, des élections. Dans les pays qui comprennent bien la démocratie, on ne laisse personne contrôler seul les trois coins de notre triangle et on tient des élections spéciales pour choisir celles et ceux qui font les lois. Ces élus qui font les lois forment l'**assemblée législative**. Son nom change selon le pays.

L'assemblée législative s'appelle:

- la Chambre des communes au Canada (et en Angleterre),

- l'Assemblée nationale au Québec (et en France),

- la Knesset en Israël,

- la Diète en Pologne,

- la Douma en Russie,

- les Cortes en Espagne,

- le Bundestag en Allemagne,

- le Congrès aux États-Unis.

Tu l'as compris, la Knesset, c'est l'équivalent israélien de l'Assemblée nationale du Québec.

J'ai gagné, tu n'as pas perdu, gouvernons ensemble

En Israël, quand vient le temps de répartir les sièges de députés, on utilise la troisième méthode électorale, la proportionnelle. Le soir de l'élection, on compte les votes de tout le pays. On constate alors que tel parti a obtenu 28 % des voix, qu'un autre en a 24 %, qu'un troisième en a 7 %, etc. On utilise ensuite ces résultats – tu connais la règle de trois? – pour distribuer les places de députés. Comme la Knesset compte 120 sièges de députés, le parti qui a reçu 28 % des votes aura 28 % des sièges, et ainsi de suite. Les partis qui ont reçu moins de 1,5 % du vote ne participeront pas à cette répartition. C'est tout! Après cela, il restera à négocier les fractions…

Et la grande faiblesse?

Je t'ai demandé tantôt d'essayer de trouver la faiblesse, le talon d'Achille, de ce système. J'imagine que tu as réussi. Tu as vu qu'un système comme celui-là facilite l'entrée des partis à la Knesset: dès qu'un parti a 1,5 % des votes, il a un député à la Knesset. Compare cela aux résultats que le Nouveau Parti démocratique a obtenus au Québec, à l'occasion des élections fédérales de 1984 et de 1988: la première fois, 9 % des voix, mais aucun député; la deuxième fois, 14 % des voix et encore aucun député. En Israël, le NPD, avec les mêmes résultats, aurait eu (j'oublie les fractions et les négociations) 6 députés la première fois, 10 la deuxième fois.

Donc, la **proportionnelle** est plus juste, mais elle laisse un grand nombre de partis entrer à l'assemblée législative. Pas besoin de dessin subtil pour montrer que, s'il y a plus de monde pour se partager les 120 sièges de la Knesset, les «pointes de tarte» seront moins larges… et que personne n'aura la moitié de la tarte. Le lendemain d'une élection, la Knesset pourrait ressembler à ceci: 42 députés du Likoud, 43 du Parti travailliste, 7 du Parti religieux ultra-orthodoxe, 8 des partis arabes, alors qu'il faut 61 députés (sur 120) en faveur d'une loi pour que la loi soit adoptée. La difficulté, elle est là: personne n'a gagné, personne n'a perdu, tout le monde doit négocier jusqu'à ce qu'on crée un bloc d'au moins 61 votes de députés. Ce n'est pas toujours simple, tu t'en doutes bien.

De plus, ces négociations ne sont jamais terminées. Rien ne garantit, en effet, que les 61 députés qui sont d'accord sur une loi seront d'accord sur la loi suivante. Trois, quatre ou cinq partis peuvent être d'accord pour acheter de l'équipement militaire américain, puis ne pas être d'accord pour implanter de nouvelles colonies juives en Cisjordanie. Au début, le bloc de 61 députés existe, puis il fond, puis il se refait soit avec les mêmes députés soit avec d'autres, puis il s'effrite, puis… Tu vois le genre. Bien sûr, les partis essaient de s'entendre sur certaines idées.

Mais chacun doit alors accepter une partie du programme de l'autre, ce qui réduit sa liberté.

Et il y a un autre problème. Dans ce système, c'est parfois «la queue du veau qui secoue le veau». Il arrive, en effet, pour dire les choses autrement, que les tout petits partis contrôlent les partis plus importants en les mettant en concurrence. On a vu cela il y a quelques années en Israël. Chacun des deux grands partis était près de la majorité, mais ni l'un ni l'autre n'atteignaient le chiffre magique de 61. Il leur manquait trois, quatre ou cinq sièges. Un petit parti pouvait alors offrir le pouvoir au grand parti qui lui accorderait un maximum de concessions. «Avec mes cinq voix, ton parti atteint la majorité et peut gouverner. Sans mes voix, tu n'atteins pas 61. Si tu ne veux pas, tant pis pour toi, je vais voter avec ton adversaire et tu n'auras pas le pouvoir…» Cela s'appelle détenir la «balance du pouvoir», c'est-à-dire avoir la capacité de faire pencher la balance dans tel ou tel sens. Si cela se produit, le grand parti est secoué par le petit… comme un veau par sa queue.

La pression des petits partis israéliens avait alors été si forte que les deux grands partis se sont alliés: «Puisqu'il faut une coalition pour former le gouvernement, faisons la coalition entre nous!» C'est ce qui s'est produit. Les deux grands partis ont refusé le chantage des petits partis et ils ont formé un gouvernement d'«unité nationale». Les petits partis ont perdu leur force de négociation. Cela a forcé les deux grands partis à rapprocher leurs projets politiques. À plus long terme, cela a renforcé les petits partis.

Nous avons regardé trois formules électorales : le **premier arrivé**, la **majorité en deux essais** et la **proportionnelle**. Il y a d'autres façons de faire, mais tu as assez de matériel pour décider ce que, toi, tu juges le plus démocratique.

Tu te souviens de nos quatre questions ? Il t'en reste une.

1. Est-ce que quelqu'un contrôle tout ?

2. Les gens peuvent-ils décider eux-mêmes ?

3. Les élections sont-elles un miroir déformant ?

QUATRIÈME QUESTION : Pourquoi y a-t-il des partis politiques ?

Si je te demande combien il y a de partis politiques au Québec, tu vas, comme tout le monde, hésiter un instant. Tu connais le Parti québécois et le Parti libéral. Tu as pu entendre parler de l'Action démocratique. Ou du NPD. Si tu as écouté des adultes parler de politique, le nom de l'Union nationale te dira peut-être quelque chose. Ou celui des créditistes. En additionnant tout cela, tu arrives à quelque chose comme cinq ou six partis, vivants ou morts.

En fait, et c'est le Directeur général des élections du Québec qui nous le dit, il y en a beaucoup plus.

Les partis politiques autorisés

Au Québec, 18 partis politiques autorisés (9 juillet 1998)

- Action démocratique du Québec
- Bloc-pot
- CANADA!
- Option nationale
- Parti citron
- Parti communiste du Québec
- Parti de la démocratie socialiste
- Parti de la loi naturelle du Québec
- Parti du peuple du Québec
- Parti économique du Québec
- Parti égalité
- Parti innovateur du Québec
- Parti libéral du Québec
- Parti marxiste-léniniste du Québec
- Parti pour la république du Canada (Québec)
- Parti pour le respect des droits et libertés individuels au Québec
- Parti québécois
- Parti vert du Québec

Je te vois sursauter: dix-huit! Mais ton opinion était quand même défendable: une bonne moitié de ces partis ne se manifestent à peu près jamais. Plusieurs ne représentent d'ailleurs qu'une seule personne ou un tout petit groupe.

Pourquoi créer autant de partis politiques? Tu t'en doutes certainement. C'est que *seuls les partis sont capables de prendre le pouvoir*. Si tu veux le pouvoir politique, ou bien tu crées ton parti ou bien tu deviens chef d'un parti qui existe déjà. Dans notre système, personne ne peut faire autrement. Même si tu es une personne extraordinaire, tu n'es quand même pas capable de te cloner à 125 exemplaires pour présenter le même beau petit toi-même dans 125 comtés! Pourtant, si tu veux contrôler l'assemblée législative de ton pays, il te faut, si ton pays compte 125 comtés, gagner au moins 63 comtés. La solution? Tu crées un parti ou tu en contrôles un qui existe, tu fais partager tes idées et ton programme par d'autres personnes et vous devenez candidats dans les différents comtés. Tu peux, par exemple, créer un 19e parti, le «Grand parti du ressourcement social intégral». Si tu as recruté des candidates ou candidats qui sont du même avis que toi, vous enregistrez votre parti, vous faites inscrire vos noms sur les bulletins de vote et vous présentez des candidats dans au moins 63 comtés. Si vous gagnez au moins 63 comtés, votre parti prend le pouvoir et tu deviens, puisque tu diriges ce parti, premier ministre. Tout seul, tu ne pourras prendre le pouvoir.

Et si le parti devient désagréable?

C'est bien beau de créer un parti politique pour répandre tes idées et prendre le pouvoir, mais créer un parti politique, c'est peut-être aussi imprudent que couver un œuf de ptérodactyle ou élever un adorable bébé panthère. Au début, c'est gentil, tout doux, amical. Puis, les griffes poussent, les dents s'allongent, les yeux commencent à lancer des éclairs... et le parti peut vous oublier, toi et ton programme.

Un parti politique peut grandir de bien des manières. Il peut être dominé par une seule personne. Celle-ci choisit les candidats, écrit le programme, participe seule à toutes les émissions de radio et de télévision. Un peu plus et on se retrouverait avec un roi! Dans la plupart des cas, le parti devient une grosse organisation. Il faut des gens pour écrire les discours du chef, qui parle souvent et qui n'a pas le temps de rédiger dix nouveaux discours par jour. Il faut des «faiseurs d'images» pour enseigner au chef à montrer son meilleur profil et à éviter d'exhiber des bagues lourdes comme des ancres de bateau. Il faut des spécialistes de la publicité pour inventer les slogans, des statisticiens et des sociologues pour effectuer des sondages, etc. Ces gens-là ne sont pas candidats, mais comme ce sont des experts, ils prennent beaucoup de place. Le chef est encore le chef, mais ces spécialistes lui disent quoi faire. Lui n'en souffre pas trop, car le parti le dorlote, mais les 124 autres candidats et candidates, eux, rencontrent rarement le chef.

Si le parti en arrive à ce résultat, regarde-le avec tes yeux rayons X et demande-toi : « Le parti aide-t-il la démocratie ? » Au début, c'est vrai, on avait besoin du parti. Parce que la démocratie exige des élections et parce qu'il faut un parti pour remporter une élection. Mais si le parti décide à la place des personnes qui se présentent à l'élection, l'élection n'a plus grand-chose de démo-cratique. Le défi, pour le chef et pour ceux et celles qui veulent être élus, sera de se conduire comme de bons *cornacs*! Un cornac, c'est un conducteur d'élé-phants. Il ne se bat pas contre l'éléphant, car un éléphant de cinq ou six tonnes, c'est un adversaire plutôt costaud. Mais le cornac trouve la façon de faire travailler l'éléphant et de le diriger. Le cor-nac sait que l'éléphant est doué d'une force terrible et qu'un élé-

phant en colère détruit tout sur son passage, mais il réussit à se faire obéir quand même. Un parti politique ressemble à ce genre d'animal puissant et peut-être dangereux. Si on ne le contrôle pas, le parti écrase tout sur son passage, y compris la démocratie qu'il était censé aider.

Est-ce qu'on manque de cornacs ?

Tu te rappelles la première page ? Tu disais que tu étais capable de reconnaître tes amis sous leur déguisement d'Halloween. Moi, je te demandais si ton regard rayons X voyait la différence entre la vraie démocratie et les imitations trompeuses de la démocratie. Utilise encore une fois tes lunettes spéciales et décide : « Qui est le patron ? Le parti ou la démocratie ? L'éléphant ou le cornac ? » Bien sûr, on te dira de ne pas t'inquiéter : « Notre parti est démocratique. Il aide les gens élus à défendre la démocratie… » Regarde quand même.

Une expression revient souvent dans les discussions politiques: **discipline de parti**. On dira, par exemple: «Pierre est gentil et les gens l'aiment. Il nous ferait un bon candidat dans tel comté, mais je me demande s'il acceptera la discipline de parti...» Qu'est-ce que cela veut dire ? Cela veut dire que si Pierre veut l'aide du parti pour se faire élire, il doit apprendre à ne pas trop déplaire au parti. « Donnant donnant, dit le parti. Si tu veux mon soutien dans ton élection, tu dois promettre de suivre le programme et la stratégie du parti.» Un peu comme si l'éléphant disait au cornac: «Je suis prêt à te transporter et à ne pas te faire perdre la face, mais c'est moi qui décide ...»

Bien sûr, si tu mets dans les deux plateaux de la balance le parti et le candidat, il y a des cas où le candidat pèse plus lourd que le parti. Un homme ou une femme extrêmement populaire dans un comté peut, jusqu'à un certain point, modérer les ardeurs du parti: «Je n'ai pas besoin de vous pour me faire élire et je voterai seulement les lois qui me conviennent. » Ce genre de candidat peut aller jusqu'à dire ceci au parti: «Si mes conditions ne vous conviennent pas, tant pis pour vous: je me présenterai comme candidat indépendant et je voterai, à l'assemblée législative, selon ce que je pense de chaque loi.» Cela arrive, mais rarement.

Pourquoi est-ce si difficile de contredire le parti? Pour toutes sortes de raisons. De nos jours, les luttes électorales se font surtout à la télévision. Les nouvelles passent par la télévision, la publicité aussi. Pour que l'information se rende aux hommes et aux femmes qui votent, il faut attirer les journalistes des grands médias, et de la télévision en particulier. C'est difficile pour un candidat isolé, parce que les journalistes s'intéressent aux chefs de parti. Même problème pour la publicité à la télévision: elle coûte très cher et un candidat indépendant n'a pas l'argent nécessaire. Le parti en profite pour dire: «Tu dois accepter mes conditions!»

De plus, et ce n'est pas méchant de dire cela, les femmes et les hommes qui votent aiment «gagner leurs élections». S'ils votent en faveur d'un parti et que ce parti l'emporte, ils sont heureux. Voter pour une personne isolée et qui ne contrôlera rien après l'élection, cela n'intéresse pas les gens. Un candidat isolé a beau être brillant et honnête, bien parler et travailler fort, il ne peut promettre le pouvoir à ses électeurs. Donc...

Avec tes yeux rayons X, tu vas voir autre chose. Est-ce qu'un député qui n'a pas de parti pourra faire voter les lois qu'il juge importantes? Difficilement. Il ne pourra pas compter sur l'appui de 50 ou 60 autres députés. Tu peux te demander aussi s'il obtiendra pour son comté une tranche correcte des budgets. Car les fonctionnaires qui préparent les budgets reçoivent leurs ordres des ministres, et le député sans parti ne sera jamais ministre.

Le métier de cornac n'est pas facile, mais un cornac sans éléphant, ce n'est pas très productif! Les deux doivent s'entendre.

Le parti, c'est nous!

On te dira peut-être qu'un parti politique n'est quand même pas si autoritaire que cela. Et on te dira aussi que, de toute manière, le parti appartient à l'ensemble de celles et de ceux qui acceptent le programme du parti. Encore là, «chausse» tes lunettes à rayons X et regarde bien.

– Les États-Unis n'ont que deux partis politiques importants: le Parti démocrate et le Parti républicain. N'importe qui a le droit de créer un autre parti, mais cela ne veut rien dire: c'est comme donner à quelqu'un la permission de traverser l'Atlantique à la nage. Il a le droit de mettre son maillot, le droit de se lancer dans l'océan, le droit de crawler en ligne droite en s'alignant sur la tour Eiffel… Quand ce nageur puissant et naïf aura épuisé tous ses droits – et toutes ses forces –, il se noiera, n'est-ce pas? Mon exemple veut dire ceci: si même un multimilliardaire comme Ross Perot ne parvient pas à créer un troisième parti capable de l'emporter aux élections américaines, le droit de créer un parti vaut… zéro.

– Dans nos partis politiques québécois ou canadiens, il est très rare que les députés décident eux-mêmes comment voter. Dans 99 % des cas, le chef du parti prend la décision. Quand le chef se lève et vote, c'est comme s'il avait déclenché «la vague»: tous les députés du parti se lèvent à tour de rôle et disent, en somme: «Je pense comme le chef!» De temps à autre, c'est vrai, le chef laisse de la corde. Si, selon les sondages, il y a autant de gens en faveur d'une loi que de gens contre cette loi, il peut choisir de ne pas courir de risque. Par exemple, si le projet de loi parle d'avortement ou d'homosexualité, le chef peut dire: «Que chaque député vote selon sa conscience...» De cette manière, le parti ne se fait pas d'ennemis et les députés se débrouillent. Habile, n'est-ce pas? Cela ne se produit pas souvent: une fois par année ou par deux ans. Dans tous les autres votes, le chef du parti dit aux députés comment voter. C'est cela, la discipline de parti.

– Mais tu me diras peut-être qu'un parti politique peut changer d'idée. C'est vrai. Un parti peut vouloir aujourd'hui de nouveaux barrages sur la Manicouagan, puis renoncer au projet. Mais quand l'éléphant change de direction, cela ne veut pas dire que c'est le cornac qui l'a décidé! De façon générale, un parti renonce à une idée ou en adopte une autre quand les sondages lui disent de le faire.

Les partis aiment beaucoup les sondages

Quand on sonde un terrain pour trouver de l'eau ou du pétrole, on perce un trou pour savoir ce qu'il y a à cent ou à mille mètres de profondeur. Quand on veut savoir ce que l'ensemble des électrices et des électeurs pensent, des experts font un autre genre de sondage. Ils interrogent quelques centaines de personnes qui ressemblent à la moyenne des gens. Un sondage peut ainsi dire à un parti si les gens aiment ou détestent tel projet de loi.

Disons qu'un parti a promis de réduire la limite de vitesse à 80 kilomètres à l'heure sur la transcanadienne. Si des sondages indiquent que la très grande majorité des gens trouvent l'idée farfelue, le parti peut «oublier» ce projet de loi. Ce n'est peut-être pas une mauvaise chose que l'éléphant, pardon! le parti, change de direction, mais c'est rarement le député élu qui décide le virage. La décision vient plus souvent du parti, des spécialistes à l'emploi du parti, des maîtres-sondeurs, des stratèges... Et le député se pliera à la discipline de parti.

Tu as maintenant quatre moyens de reconnaître la démocratie.

1. Est-ce que quelqu'un contrôle tout?

2. Les gens peuvent-ils décider eux-mêmes?

3. Les élections sont-elles un miroir déformant?

4. Les partis prennent-ils trop de place?

Quelques petites questions supplémentaires

Trop de partis, est-ce dangereux?

Quand il y a trop de partis, est-ce que les gens cessent de voter? Est-ce qu'ils ont de la difficulté à distinguer les programmes? Il semble que non. Chose certaine, il y a seulement deux partis aux États-Unis, et la moitié des gens ne votent pas. En Israël, les partis sont nombreux, mais la participation varie entre 77 et 90%.

La proportionnelle, est-ce beau et... dangereux?

Certains disent que la méthode proportionnelle pour répartir les sièges de députés rend les gouvernements plus fragiles. On pourrait en discuter jusqu'à l'an 2056. Tu dis oui, je dis non, ton oncle dit oui, ma cousine dit non... et on continue comme cela à perpétuité. En fait, c'est difficile de trancher. Bien sûr, si le pays change de gouvernement tous les mois, les gens du pays ou de l'extérieur éviteront les risques. Quand on ne sait pas qui gouvernera dans six mois, on s'assoit, on regarde et personne ne dépense ses sous. Mais cela ne veut pas dire que la proportionnelle affaiblit toujours le gouvernement. En Israël, en Suède, en Allemagne, la proportionnelle n'a pas rendu le gouvernement fragile. La réponse? À toi de la choisir.

Est-ce démocratique de cacher la date de l'élection?

Tu connais certainement la phrase «Prêts ou pas prêts, j'y vais!» Quand, par exemple, on joue à cache-cache (à la cachette, si tu préfères), le joueur dont c'est le tour de trouver les joueurs cachés crie cette phrase pour dire qu'il se met en chasse. Son avertissement signifie ceci: «J'ai compté aussi longtemps que je l'avais promis. Jusqu'à 50, 100 ou 200. J'ai respecté ma part de l'entente; j'ai maintenant le droit de vous chercher. Que vous soyez prêts ou pas, j'ai le droit de le faire.» Cela est si clair que les enfants qui n'ont même pas toutes leurs dents de lait peuvent jouer à ce jeu. La règle s'apprend vite: si tu comptes jusqu'à tel chiffre, tu as ensuite le droit d'essayer de nous trouver. Tant pis pour les joueurs qui n'ont pas encore trouvé une bonne cachette. C'est clair, c'est honnête, c'est juste. Et voilà.

Tu comprends alors ma question: pourquoi, dans notre démocratie, n'a-t-on pas comme règle de dire d'avance à tout le monde quand aura lieu l'élection? Pourquoi les adultes sont-ils plus cachottiers que les enfants? Pourquoi entourer de secret la date de la prochaine élection? Pourquoi ne pas faire comme aux États-Unis ou en France, où les dates sont connues d'avance de tout le monde? D'ailleurs, le Québec le fait déjà pour les élections municipales et scolaires. La règle pourrait dire ceci: *les élections se tiennent*, par exemple, *le premier dimanche d'octobre, une fois tous les quatre ans.* Est-ce que ce ne serait pas plus loyal, plus démocratique?

Tu te demandes peut-être où est le lien entre la démocratie et la date de l'élection. Je te réponds ceci : la démocratie doit donner les mêmes droits à tout le monde. Elle doit accorder à tous les partis des chances égales de remporter la victoire. Jusque-là, est-ce qu'on est d'accord? Je pense que oui, Alors dis-moi: quand le premier ministre, qui est le chef d'un parti, choisit tout seul la date de la prochaine élection et cache cette date à ses rivaux, est-ce que tous les partis ont des chances égales de gagner? Si le premier ministre peut attendre que le dollar aille mieux pour déclencher des élections ou s'il peut brusquer l'élection parce que le chef du parti rival vient de mourir, est-ce qu'on respecte la démocratie?

La réponse à cette question n'est pas la même dans tous les pays. Aux États-Unis, ce n'est pas le président, ni le président du Congrès, ni le juge en chef de la Cour suprême qui choisit secrètement la date de l'élection. La date, tout le monde la connaît et personne ne peut prendre l'adversaire par surprise. En France, c'est la même chose pour une élection présidentielle: la date est «coulée dans le béton», et le président – même un de Gaulle – la respecte.

Au Canada et au Québec nous gardons une vieille habitude: le premier ministre peut choisir n'importe quelle date d'élection, à condition de ne pas dépasser cinq ans. Peut-il déclencher une élection après trois ans? Oui, s'il le veut. Après deux ans seulement? Oui, s'il le veut. Toi et moi, nous savons bien que la personne qui peut choisir la date de l'élection va choisir… la date qui convient le mieux à son parti. Si le nombre de chômeurs semble diminuer, c'est tentant de faire voter les gens tout de suite. Si, au contraire, ce nombre augmente, le chef du parti au pouvoir préférera attendre. Ma question? Tous les partis ont-ils une chance égale quand le premier ministre peut jouer avec la date du prochain scrutin? Qu'en penses-tu?

Est-ce que l'ONU est démocratique?

Tu entends souvent parler de l'ONU ou de l'Organisation des Nations Unies. C'est la même chose. À quoi sert cette organisation? Je dirais qu'elle sert surtout… à parler! Mais je ne dis pas cela pour être méchant. Au contraire. D'après moi, c'est mieux de discuter et de parler que de se bombarder à coups de missiles. L'ONU, c'est une sorte de grand Parlement où des dizaines de pays essaient de régler leurs querelles en discutant. C'est difficile d'être contre!

L'ONU, c'est le deuxième grand effort de la planète Terre pour remplacer la guerre par la discussion. La première fois, ce fut tout de suite après la Guerre mondiale 1914-1918. On a alors créé la Société des nations (la SDN). Malheureusement, la Société des nations n'a pas réussi à empêcher une deuxième guerre mondiale (1939-1945). Après cette deuxième guerre et des dizaines de millions de morts, on a décidé d'essayer une fois de plus: l'ONU a succédé à la SDN. L'ONU a 50 ans. Elle n'a pas empêché toutes les guerres; elle enseigne à discuter.

Le problème, c'est que l'ONU parle beaucoup de démocratie, mais en oubliant parfois de devenir elle-même complètement démocratique. Je te donne l'exemple du Conseil de sécurité. Ce Conseil, c'est le cœur de l'ONU. C'est là qu'on adopte les vraies décisions: si on va punir un pays, si on va envoyer des Casques bleus pour s'interposer entre des groupes rivaux, etc. Le Conseil est composé de quinze pays. Cinq pays sont des membres permanents; ils font partie du Conseil de sécurité depuis 50 ans. Les dix autres membres sont choisis parmi les pays qui font partie de l'ONU; ils changent régulièrement. Ce Conseil de quinze pays se réunit chaque fois qu'il y a une crise quelque part dans le monde ou qu'il y a risque de guerre. Et il essaie de convaincre les différents pays de se parler au lieu de s'entre-tuer. Si les pays font la sourde oreille, le Conseil de sécurité peut hausser le ton: «Attention, mes petits amis, peut dire le Conseil, j'ai des surprises désagréables pour vous si vous ne commencez pas à vous parler et à négocier…» Et, souvent, les «petits amis» comprennent et se parlent.

Mais – car il y a un mais – les cinq pays qui font en permanence partie du Conseil de sécurité sont «plus égaux que les autres». Ils ont un pouvoir que les autres pays n'ont pas et que même les autres membres du Conseil n'ont pas. Chacun de ces cinq pays, les États-Unis, la Russie, la France, l'Angleterre et la Chine, a en effet un droit de **veto**. Même si le Conseil de sécurité vote par 14 voix contre une en faveur de pressions sur un pays, il ne se passera rien si un des cinq pays qui ont droit au veto n'est pas d'accord. Même si tous les pays qui font partie de l'ONU votent 150 contre 1, il ne se passe rien si un des cinq membres permanents du Conseil de sécurité dit non. Est-ce démocratique?

Pourquoi a-t-on donné à cinq pays ce pouvoir de «freinage»? Si tu veux la réponse, pense aux dates dont je t'ai parlé. Quand l'ONU a-t-elle été créée? Tout de suite après la guerre qui a duré de 1939 à 1945. Qui a gagné cette guerre? Les États-Unis, l'URSS… Autrement dit, les pays qui ont depuis ce moment-là un droit de veto. Plus de 50 ans après la fin de la Deuxième Guerre mondiale, les vainqueurs de ce conflit parlent de paix et de démocratie, mais tirent toujours profit de leur victoire de 1945. La conséquence, c'est que des pays aussi importants que le Japon, l'Allemagne, l'Indonésie, le Brésil, le Nigeria, etc. n'ont pas les mêmes droits que les gagnants de 1945.

Aujourd'hui, forcément, dans bien des parties du monde, on a des doutes sur les convictions démocratiques des Nations Unies. Si le droit de veto se justifie, qu'on le donne à tous les pays ou à ceux qui sont aujourd'hui plus importants. Et si l'on pense que le droit de veto n'a pas sa place en démocratie, qu'on le fasse disparaître. Qu'en penses-tu, toi?

Le droit de VETO

Veto est un mot latin qui signifie: «Je m'oppose!» À Rome, quand les représentants du peuple criaient: *Veto*! les sénateurs comprenaient que mieux valait céder du terrain…

Garde tes lunettes à rayons X

Tu as affronté une belle série de questions difficiles. Dans la plupart des cas, je ne t'ai pas dit quelle réponse je préfère. Même dans les cas où tu as deviné ma préférence, oublie-la. En démocratie, ton opinion a autant de valeur que la mienne. Je souhaite que tu sois **un cornac avec un regard rayons X**: tu seras capable de négocier avec un éléphant et tu sauras le conduire là où il doit se rendre. Tu verras la différence entre les apparences de démocratie et la vraie démocratie. *Tu reconnaîtras la démocratie.*

À bientôt.